Padre mío

Primera edición: noviembre, 2018

Título original: *Padre mio*
© 2009 Sperling & Kupfer per Edizioni Frassinelli
© de la traducción: Jeannette L. Clariond, 2018
© del prólogo: Carlos Skliar, 2018

© Vaso Roto Ediciones, 2018
ESPAÑA
C/ Alcalá 85, 7º izda.
28009 Madrid

vasoroto@vasoroto.com
www.vasoroto.com

Grabado de cubierta: Víctor Ramírez

Queda rigurosamente prohibida, sin la autorización de los titulares del *copyright*, bajo las sanciones establecidas por las leyes, la reproducción total o parcial de esta obra por cualquier medio o procedimiento.

Printed in UK - Impreso en el Reino Unido

Imprenta: Lightning Source
ISBN: 978-84-948232-5-1
BIC: DCF

Alda Merini
Padre mío

Traducción de Jeannette L. Clariond
Prólogo de Carlos Skliar

Vaso Roto / Ediciones

«El poeta calla para no mentir», a propósito de *Padre mío*, de Alda Merini

En un breve ensayo Peter Handke sugería una distinción –no exhaustiva, se comprende– de dos arquetipos de poetas: el de los mimables y el de los no-mimables. Los primeros, escribe Handke, son los encumbrados, los *poeta doctus* que, lejos de dejarse vencer por la brecha siempre abrumadora entre lo escrito y lo indecible, la acaparan para sí y se comportan como verdaderos hijos pródigos de una ciudad o de una nación. Los no-mimables serían aquéllos que no aceptan títulos honoríficos, que escapan de las garras del Estado para no ser presa fácil del lenguaje infecto del poder y que desearían sobre todo ser dejados en paz o, para decirlo de otro modo, ser dejados en silencio y en soledad.

Sin dudas Alda Merini forma parte de esa legión entrañable de poetas no-mimables: padeció de la crueldad del Estado, bregó por su soledad aún carcomida por la indiferencia, escribió bajo las penumbras y sobre las penurias, se rió de la posibilidad de recibir el Premio Nobel.

Ahora bien: la poesía no es una materia única de expresión, ni puede ser unificada bajo ninguna fórmula de análisis, afortunadamente.

Una tipificación como la de Handke permite abrir el juego a una serie inagotable de distinciones entre poetas y entre obras poéticas: por ejemplo aquella existente entre quienes toman el lenguaje como artificio y producen estructuras de una perfección inocua y rápidamente olvidables, y quienes perciben el lenguaje como pura corporalidad y no cesan de dar bramidos y estampidas de pura existencia. O la separación irresoluble entre una poesía que fuerza la coincidencia entre la belleza y la verdad, de aquélla que rehúye de toda razón y sostiene su frágil existencia en los márgenes menos contaminados, siempre en peligro de extinción. O, también, aquélla que diferencia una voz de pura exterioridad y otra de pura interioridad o intimidad. Y, además, la que separa de modo tajante la vida de un poeta de su poesía, y aquélla que las identifica de un modo igualmente falaz. Biografía y obra poética son dos términos distintos de una relación incomprensible.

Recordemos aquí a Goethe: «*Pues éste me parece el cometido principal de la biografía: representar al hombre en las circunstancias de su época y mostrar en qué medida se resiste a ellas, en qué medida le favorecen, cómo a partir de ellas se ha formado una visión del mundo y de los hombres y cómo, si se trata de un artista, poeta o escritor, ha proyectado esta visión al exterior. No obstante, para ello hace falta algo prácticamente inalcanzable, y es que el individuo se conozca a sí mismo y a su siglo*» (Goethe, 1999, pág. 21). Existe, como bien se sabe, una permanente obsesión por asimilar lo vivido con lo escrito, por ejecutar una inocua transparencia entre vida y obra, la vida inseparable de la escritura o, aún más, el entender toda biografía como si fuese la verdadera obra.

No se puede disimular, entonces, la tentación de apreciar la escritura de Alda Merini *por detrás* de su particular existencia, o hacer que su poesía devenga sólo el reflejo o el eco o la transparencia *escrita* de su vida. Como si su poética fuese apenas la sombra alucinatoria de una vida infernal, quizá solamente su salvación o tal vez apenas un mísero devaneo que no alcanza sino a dibujar el contorno de una experiencia vital de desdén y desasosiego. La tentación se vuelve aún más evidente si todo lo que vemos en su vida peculiar no es más que el abandono, el encierro y la locura, en ese estricto orden de aparición.

Se trata, por cierto, de una vida singular, como lo son todas las vidas, como lo es cada una de ellas; y se trata también de una vida peculiar atravesada por laberintos y encrucijadas quizá irrepetibles en otras vidas: nacida en marzo de 1931 en Milán, aprendió de muy pequeña a leer y, sobre todo, a soñar: «*todos los días dedicaba largas horas a mis estudios, pero sobre todo soñaba, soñaba el* Infierno. La Comedia *ilustrada por Doré, de la cual teníamos varias versiones en casa, me había traumatizado. Se trataba de un volumen enorme que leía desde ya entrada la noche hasta el amanecer. Me angustiaban sobre todo las figuras desnudas eternamente castigadas, eternamente sumidas en el frío y la soledad*».[1]

Desde muy pequeña comprendió con sensible lucidez la diferencia entre la falta de amor y la intemperie de la mente, es decir, vivió la experiencia de percibir en sí y en otros esa mirada acuciante y acusadora, la mirada de los malos ojos ajenos, que malinterpretan el deseo voraz y famélico de amar y ser amada por otro muy distinto: el de la inconveniencia y el extravío. De ahí que Alda Merini se sintiese cercana a los sufrientes y detestara a los malvados: «*Puedo entender la enfermedad, pero no el odio. El odio, la usura y la maldad son delitos que deberían castigarse. Quien daña al prójimo es otro Caín. Quien ignora el dolor ajeno merece la picota*».[2] Acerca de si la poetisa sufría de locura o si fue el manicomio quien la enloqueció, nada mejor que leer en el prólogo al libro *Furibonda cresce la notte*: «*(...) que Alda jamás había estado loca pero sí afectada por una hipersensibilidad acrecentada por las circunstancias de la vida, por las desilusiones, primero artísticas y culturales (no había sido admitida en el Liceo), después sentimentales*» (Trevisani, 2016, pág. 14).

Todas las vidas merecen ser pensadas y cuidadas en su singularidad, entre otras cosas para no confundir la experiencia poética con la existencia poética. En nombre de aquellas personas aquejadas o acusadas de insania −sobre todo en épocas donde no se conocía

---

1 Merini, 2018, en *Delito de vida* (Vaso Roto Ediciones, págs. 19-20).
2 *Idem* (Vaso Roto Ediciones, pág. 79).

otro remedio que la internación y donde el cuidado era más bien malsano y producía aún más enfermedad– vale la pena acallar toda ilusión de vínculo entre locura y arte, entre locura y poesía. Las excepciones son demasiado pocas y, sobre todo, dolorosísimas.

Pues bien, para decirlo con toda franqueza: la voluptuosidad de una imagen poética no deviene de una alucinación ni tampoco de un delirio aunque pretendamos encontrar –nosotros que no hemos padecido de electroshocks, ni de amarres continuos en pies y manos, ni de tratamientos con drogas experimentales– una posible ensoñación común; el ritmo como alternancia entre la voz y la respiración no transparenta la perversión de la punición o el vacío de la incomprensión, ni la justeza de una metáfora es producto de la esquizofrenia, aunque puedan coincidir en la distancia acomodada de un lector casual.

La existencia poética sólo puede comprenderse como una existencia desgarradora, porque si así no se hiciera surgirían imágenes pueriles e infantiles –en el peor sentido de ambos términos– que nos harían pensar que el padecimiento induce, alegre y despreocupadamente, a la tarea de escribir versos, más acá y más allá de toda vida singular.

¿Acaso es posible percibir uno su propia existencia poética? ¿O es la desgarradura la que se siente y padece, dejando para los demás la visión idílica de una escena de coraje, de superación y estoicismo, que encuentra en la poesía su redención más esperada, más anhelada, más perfecta?

De lo que se trata aquí es de percibir ya no la vida y la escritura como cabos sueltos o mutuamente traducibles y transparentes, sino de «*la experiencia singular que ha llegado a ser escrita: si, en tanto que singular, puede llegar a ser escrita; o si, desde el momento en que ya lo ha sido, su misma singularidad no resulta ya perdida para siempre y vencida (...) por el hecho mismo del lenguaje*» (Lacoue-Labarthe, 2006, pág. 25).

Cuando se afirma que una experiencia singular se ve derrotada por el lenguaje es que quizá no pueda existir fuera del discurso o de la coerción de una lengua particular o, incluso, que no sobreviva en una naturaleza de mudez tal que el lenguaje pueda hacerse cargo de ella. Como se pregunta el mismo autor: «*¿Es posible que el lenguaje como tal pueda hacerse cargo de semejante singularidad? ¿Podría un idioma bastar para ello?*» (*Idem*).

Quisiera intentar no ya una respuesta, sino una leve mutación de la pregunta para hacer referencia, luego enseguida, a la obra *Padre mío* de Alda Merini.

Si entendemos la existencia como aquello que surca la vida a modo de desgarro, hasta tal punto que por su fuerza el individuo se sienta fuera de sí mismo, entonces el adjetivo «poético» sumado al sustantivo «existencia» podría denotar una doble ilusión o una doble sensación: que la escritura sitúa al individuo otra vez en su posición no-desgarrada y dueño de sí, o que permanezca extrañado, es decir, extraviado para siempre.

La poesía como pura identidad o como total alteridad, ésta es la cuestión.

Quizá aquí se muestre otra dicotomía, aún más extraña que las anteriores, entre dos formas de suponer la escritura de la experiencia singular: una, la de complacencia, o disimulación, o incluso la cura de uno mismo (escribir para que las heridas se cierren, escribir para disimular lo insoportable, escribir para no morir); otra, la de abandono de toda conmiseración para con uno mismo, dejar en carne viva aquello que ya está en llagas, ahondar la herida, insistir en la hondura del dolor (escribir porque la angustia no cede ni cesa, la escritura como intolerancia y rebelión, escribir porque de algún modo ya intuimos la muerte por un saber inconsolable).

La pregunta sería, entonces, la siguiente: ¿Qué hay en el lenguaje poético de Alda Merini que, sin «bastar» para dar cuenta de su existencia singular, transforma esa condición de hipersensibilidad y dolor por medio de la materia de su poesía? ¿Es su existencia la que dicta los poemas? ¿Son los poemas quienes dictan su existencia? ¿Todo ello o nada de ello?: «*Estoy bastante familiarizada como para entender dónde comienza la patología y dónde inicia la poesía. Son dos momentos muy diversos*» (Merini, 2010, pág. 14).

Conocí algunos fragmentos de la obra poética de Alda Merini antes de saber su historia. Y ahora que me he sumergido en la mayoría de sus libros y en su biografía –sobre todo la de aquellos años secos y duros de su internación en el hospicio Paolo Pini en los años 60 del siglo XX– sostengo enfáticamente que erraríamos del todo en considerar su vasta poesía como si fuese materia yerma, rehén de su vida, de su *vida mala*, o de ciertos episodios ensombrecidos de su vida. También afirmo lo contrario: que muy mal haríamos en contar su vida como un testigo inerme de su poesía.

Alda Merini permaneció internada diez años en el manicomio, y su relato postrero podría ser suficiente para una biografía literaria no exenta de lógica y pulcritud, en la cual su obra poética sería resultado de los horrores padecidos. Pero, de hacerlo así, estaríamos confirmando una ley del todo absurda: que la locura produce por antonomasia arte, que todo aquel que padece en extremo y se enajena escribe, que está prohibida toda forma de singularidad en la locura y, aún más, que entre la locura y la escritura hay una relación estética naturalmente indisociable.

Ella escribía poesía antes de la internación, y continuó haciéndolo después. No enloqueció porque ya escribía poesía y su poesía no «mejoró» bajo el influjo de los tratamientos. Niega, una y otra vez, ese vínculo romántico y desacertado entre demencia y escritura: «*Desde luego no ha sido la psiquiatría quien me enseñó a escribir. No es la poesía la que hace enloquecer, son las circunstancias de la vida: no todos los locos son poetas. Yo soy loca como persona, pero excelsa como poetisa*» (Idem, pág. 19). Y afirma su elección vital por la poesía contra la malicia del mundo: «*He escogido la poesía para huir del mundo*» (Idem, pag. 14).

En su diario *L'altra verità*, publicado originariamente en 1986, Alda Merini relata el abandono de la escritura durante la internación: la humillación permanente, el insomnio indeseado, las torturantes sesiones con drogas experimentales, la aplicación de electroshocks, la indecencia de la desnudez permanente o el mal vestido, el hambre, el ser amarrada día y noche a la cama, el abandono de la familia, entre muchas otras situaciones de dolor, no daban paso a ninguna forma ni fórmula de poesía. Pero sí de amor. Y ya veremos porqué.

Pues: ¿qué puede enseñar el dolor, el dolor injusto, el dolor segundo (la incomprensión, la desidia, la injusticia) que se ejecuta sin miramientos sobre el dolor primero (el desamor, el desarraigo, la internación)?: «*El dolor es tener que esconderse para no disgustar a los otros*» (*Idem*, pág. 23).

La experiencia de no hacer nada durante días y días, sometida a las burlas y la agresividad sistemática de médicos y enfermeros, la violencia entre los propios enfermos, o simplemente el hecho de abrir la boca, no hacían más que dejarla postrada en un estado de honda pena o profunda divagación alucinatoria. Allí no hay escritura, aunque Alda Merini tiende a mencionar al psiquiátrico como la Tierra Santa, sí, pero una Tierra Santa sacudida por la ausencia de existencia, por la fantasmagoría cotidianas del abuso extremos y por aquellas imágenes celestiales atiborradas de culpa y de castigo.

Alda Merini relata su tímido reencuentro con la poesía del siguiente modo:

> Un día, sin que yo le hubiese hablado jamás de mi escritura, me abrió su estudio –refiriéndose al doctor G.– y me dio una sorpresa.
> «¿Ves aquello allí?», dijo. «Es una máquina de escribir. Es para ti para cuando tengas deseos de decir tus cosas».
> Yo permanecí incómoda y confundida. Cuando escribí mi nombre y quién era, lo miré asombrada. Y él con un gesto muy paternal, me estimuló: «Adelante, adelante, escribe».

Entonces permanecí silenciosamente en el escritorio y comencé: «Reveo tus cartas de amor...». El doctor G. se aproximó a mí y dulcemente me susurró al oído: «Esta poesía es vieja. Quiero unas nuevas».

Y gradualmente, día a día, recomenzaron a florecer los versos en mi memoria, hasta que retomé en plenitud mi actividad poética. Este trabajo de recuperación duró alrededor de dos años (Merini, 2016, págs. 64-65).

Ahora sí, aquí estamos de frente *a Padre mío*. Diré todo en este mismo instante sin poder refrenar las esquirlas que arrojan las primeras sensaciones.

Una ofrenda, una visión, un pedido, una súplica, un reconocimiento, una conversación sostenida con susurros y vociferaciones, una voluntad de despegue terrenal, una sucesión de marcas que se abren hacia el cielo delante de una figura tan menesterosa como opulenta, tan proverbial como humilde, del mismo modo abismal como encarnado. Padre eterno y padre cotidiano; la luz que inaugura la ascensión y la sombra en ciernes que opaca la libertad. El credo y la mitología en una batalla que no arroja triunfadores. La voz que se escucha con una atención incrédula hasta amarrarse al designio; la voz, también, que se amarra por las culpas de un universo opaco. El amor trascendente que no hace otra cosa que asemejarse a la muerte. La condena, por supuesto: ¿cómo no hablar con el Padre y con el padre y no sentirse mísera, pequeña o empequeñecida, aterrorizada o inerte, delante del misterio de la vida que es la certeza la de la muerte? Y el perdón, claro está: sin él, no hay vuelta de página.

Y ahora lo diré poco a poco, acodado en la pausa tensa que solo la poesía puede darnos. *Padre mío* es un poemario dedicado a los sacerdotes David Maria Turoldo y Juan Pablo II, pero también es un poemario dedicado al Padre y a los padres, o bien a su Padre o a sus padres en general.

Se trata de la última obra de Alda Merini, publicada en setiembre de 2009 y, aunque parezca una frase hecha, resultaría ser su testamento espiritual. Sin embargo: ¿Por qué la última obra es más testamentaria que las anteriores? ¿Acaso la muerte es, en este caso, una decisión preanunciada como para considerar un último libro un último libro así, efectivamente, concebido? ¿Y por qué no considerar que también *La otra verdad* o *La clínica del abandono*, o cualquiera de sus otros libros puedan ser también tanto o más el legado espiritual de Alda Merini?

Se ha comentado largamente sobre la inspiración religiosa en la poesía de Alda Merini (véase por ejemplo Laudazi, 2012), especialmente acerca de aquella obra creada en su último período: *La carne degli Angeli* (2003), *Poema della Croce* (2004), *Cantico dei Vangeli* (2006) y *Francesco. Canto di una creatura* (2007).[3]

Alda Merini muere el 1 de noviembre de 2009 y a la mañana siguiente aparecen algunas necrológicas en los periódicos más importantes de Italia. Por ejemplo en el *Corriere della Sera*, G. Ravasi afirma que: «*En la vida de Alda como en sus versos existía una religiosidad profunda y mística: entrelazamiento de dos dimensiones fundamentales para la cristología: la carnalidad de Jesús, la imagen de Cristo como lágrima de Dios que cubre toda la carne del Hijo, todo el dolor del hombre; y junto a ello el descubrimiento de la trascendencia en Su amor infinito*».

No, no me olvido del amor. El amor de la poeta hacia quien la escucha: «*El poeta ama a quien lo escucha. No es narcisismo sino desesperación. Lo ama, es inevitable, pero sabe también que quien lo escucha recordará sólo las palabras, no al poeta*» (Merini, 2010, pág 19).

Si la sensibilidad extrema la condujo al encierro, y si la locura provocada por el manicomio no produjo poesía, el amor, esa forma de amor, sí lo hizo. Al menos el amor que la poetisa vive y sostiene y

---

3   Tanto *La carne degli Angeli* como *Francesco. Canto di una creatura*, han sido publicados por Vaso Roto Ediciones bajo los títulos: *La carne de los ángeles y Francisco. Canto de una criatura* (2009 y 2014, respectivamente, con traducción de Jeanette L. Clariond).

soporta y defiende en medio de aquel escenario dantesco de internación. Un amor absoluto, despiadado, ventral y angelical a la vez, caótico, prohibido, equivocado, desesperado, infantil, maternal, ancestral. Amor a un enfermo, amor a un par de médicos, amor a algunas internas, amor a las flores, amor a la poca luz y a la demasiada clarividencia. Y amor a Dios, sí. Un Dios distinto, venerable y repudiable, ausente y presente, sólido y difuso al mismo tiempo. Un Dios violento, un Dios que nada tiene que ver con la calma, con la serenidad: «*Mi Dios no es nunca pacífico, es aterrorizador. De él tengo una idea catastrófica: un dios pagano, un dios sin misericordia, que no perdona*» (Merini, 2010, pág. 23).

Pues entonces: ¿Qué hay en el poemario *Padre mío* de Alda Merini?

Una voz rasgada, un susurro, una confesión, la breve extensión de una respiración entrecortada y soplada al oído del Padre, de los padres, de sus padres. Una voz que habla porque sabe que quien escucha, tiene el hábito de hacerlo. Una voz de amante dirigida hacia un oído amoroso.

¿Quiénes son los Padres, esos padres, sus padres?

«*Los padres de la iglesia... Mis padres, bah, diré* que mi paternidad es femenina» (Merini, *Idem*); la doble filiación del hombre: «*Pero como hijo de Dios / e hijo del hombre y también criatura, / el hombre siempre ha sentido la necesidad / de semejarse a quien lo creó, / como todo hijo a su padre*» (Merini, pág. 45 de este libro).

¿Y qué les escribe? Que tiene y siente miedo. Que tiene y siente amor.

Que tiene y siente miedo de que la ira se apodere de ella. Miedo de ver las crueldades del mundo. Miedo de no poder salvarse de la cruz. Miedo de la devastación del manicomio. Miedo al abandono y al espacio cerrado. Miedo del espanto de la soledad, pero no de la muerte. Miedo, también, a la compañía. Miedo a las sombras que arroja su propio cuerpo. Miedo a las inequidades del hombre. Miedo a los demonios que se visten como ángeles. Miedo al deseo.

Miedo de nunca conocer la verdad, cualquiera fuese. Miedo de llegar a creer algún día más en la farsa que en el amor. Ningún miedo: «*Y si Dios logró morir,/¿no ha sido acaso para probar/que no hay que temer a la muerte/y que la muerte es eterna como la vida?*» (Merini, pág. 95 de este libro).

Y que siente y tiene amor, amor por Dios, amor por el Padre, amor por la vida aunque la muerte le asfixie, amor sagrado y profano. Que siente y tiene amor por aquella Virgen Santísima que la llevará lejos, amor puro como el agua de una lluvia que no moja. El amor de un Dios que derrama gestos locos hacia la tierra. El amor banal que le causa horror: «*A menudo me hablan del amor./Y cuando veo que me ofrecen/con tal ligereza un problema tan grave,/me horrorizo./El amor es algo que puede trastocar la historia, puede condenar un alma/o llevarla al paraíso: es cuestión de suerte*» (Merini, pág. 51 de este libro). Ese amor por el que se puede morir porque es milagroso. El amor hacia los hijos del mundo. El amor como una trampa hacia la nada, hacia la nada vacía.

Y luego de la nada y el vacío, un final posible para esta presentación de *Padre mío*. O bien, dos finales.

El primero: la conjunción entre Dios y el amor o, en otras palabras: la indisociable junción entre la soledad y el amor.

En una carta fechada en octubre de 1983 dirigida a su futuro marido, Michelle Pierri, Alda Merini narra el vínculo con Dios y con la humanidad: «*(...) Dios quiere que esté sola, quizá él proveerá mis necesidades, yo tengo tanta fe en la providencia como la tuve en medio de los horrores del manicomio. Ya no sé si te amo, sé que estoy sola y que tengo un frío horrible en el corazón, que quisiera morir para alejarme de la malicia de la gente, que me siento profundamente ofendida por el comportamiento indiferente de mis hermanos y pienso en las últimas palabras de Cristo: padre, perdónalos*» (Merini, 2016, pág 40).

El segundo final: la palabra sagrada o, si se prefiere, aquello que un poeta debería hacer o dejar de hacer para no sucumbir a la farsa.

Pues existe aún todo aquello que no se dice, aquello que no se escribe, que no se puede ni decir ni escribir, aunque justamente de eso se trata el sentido de la escritura y la propia existencia del escritor: insistir, pues, en merodear lo *demasiado humano*, acechar sus claroscuros, para no ser siempre la presa del águila ni tampoco el águila acechando la presa, para que otros no usurpen el silencio que también la poesía expone en carne viva, y para expresar, por último, que existe un secreto, un secreto que solo los poetas no-mimados conocen, algo que otros no saben ni tal vez comprenderán: «*que el poeta calla para no mentir*» (Merini, pág. 89 de este libro).

CARLOS SKLIAR

Referencias

GOETHE, JOHANN WOLFGANG: *Poesía y Verdad*. Barcelona, Alba Editorial, 1999.

HANDKE, PETER: Esto y aquello sobre los poetas no mimables. En: *Contra el sueño profundo*. Madrid, Nórdica Libros, 2017.

LACOUE-LABARTHE, PHILIPPE: *La poesía como experiencia*. Madrid, Arena Libros, 2006.

LAUDAZI, ENNIO: Un bosco assetato la mia vita. La religiosità di Alda Merini. En: *RVS*, 66 (2012), págs. 211-225.

MERINI, ALDA: *Delito de vida*. Madrid, Vaso Roto Ediciones, 2018.

_____ *Elettroshock*. Parole, poesie, racconti, aforismi, foto. Stampa Alternativa, 2010.

_____ *Furibonda cresce la notte*. Poesie e lettere inedite. Milano, Manni, 2016.

_____ *L'altra verità*. Diario di una diversa. Bur Rizzoli, 2016.

_____ *Clínica del abandono*. Buenos Aires, Bajo la luna, 2008.

Padre mio

Padre mío

Voce di David*

Quante carezze, Signore,
al mattino quando mi sveglio.
Come uomo sono felice,
come infante sono tristissimo.
Mi scrivi una lettera ogni giorno
e mi dici che mi vuoi bene.
Mi chiami al tuo seminario
e io corro
aspettando di fare chissà cosa.
Sono il contadino della tua fede
ma tu mi ridai in mano
il giornale degli orrori di guerra.
O Signore, quanto sangue.
Non dirlo più, Signore,
non dirmi più che gli uomini muoiono
come mosche.
A mezzogiorno ho la febbre alta,
sono pieno di oscuri desideri.
Ho paura,
paura che l'ira mi prenda la mano.
Ma cosa posso fare io,
piccolo terremoto di Dio
su cui piove da tanti anni?
Conosco una poetessa giovane
che parla di primavere.

---

* Protagonista o interlocutore di alcune delle poesie raccolte in questo volume è David Maria Turoldo (1916-1992), poeta e religioso dell'ordine dei Servi di Maria. Tra il 1940 e il 1952 padre Turoldo visse a Milano: tenne la predicazione domenicale in Duomo, pubblicò le prime raccolte di poesie, si impegnò nel centro culturale Corsia dei Servi e nel progetto Nomadelfia, il villaggio che accoglieva gli orfani di guerra. *(N.d.R.)*

Voz de David*

Cuántas caricias, Señor,
al despertar por la mañana.
Como hombre, soy feliz,
como niño, me siento tristísimo.
Todos los días me escribes una carta
para decirme cuánto me quieres.
Me llamas a tu seminario
y corro
deseando hacer no sé qué cosa.
Soy sembrador de tu fe
y tú me devuelves
el diario con los horrores de la guerra.
Oh Señor, cuánta sangre.
No lo digas más, Señor,
no me digas más que los hombres mueren
como moscas.
Al mediodía tengo fiebre alta
y me lleno de oscuros deseos.
Tengo miedo,
miedo de que la ira me tome de la mano.
Pero, ¿qué puedo hacer yo,
pequeño terremoto de Dios
sobre el que llueve hace ya tantos años?
Conozco a una joven poeta
que habla de primaveras.

---

* David Maria Turoldo (1916-1992), poeta y religioso de la orden de los Siervos de María es el protagonista o el interlocutor de algunos poemas aquí reunidos. El padre Turoldo vivió en Milán de 1940 a 1952, lugar donde tenía bajo su cargo la celebración de los servicios dominicales en el Duomo. Turoldo fue quien publicó los primeros volúmenes de poesía de Alda, además de haber sido colaborador en el centro cultural «Corsia dei Servi» en el proyecto «Nomadelfia», villorrio que acogía a los huérfanos de guerra (N. del Ed.).

Ci sarà una primavera per lei
che comincia a scrivere versi?
Io amo questo suo principio di verità.
Ma dove finiremo noi
se io,
nel torrente
che sta attraversando,
non le butto il bastone del mio aiuto?
Lei, giovane, non sa
che sono un profeta.
Non sa che tutti e due
siamo innamorati
della stessa donna,
di quella Vergine Santissima
che ci porterà lontano
e forse ci sbatterà tra i rovi.
E vorrei dirglielo,
Padre mio,
ma è troppo giovane:
potrei spaventarla.

¿Habrá para ella una primavera
ahora que comienza a escribir versos?
Amo este principio suyo de verdad.
Pero, ¿dónde acabaremos nosotros
si yo,
en el torrente
que atraviesa,
no le tiendo el bastón de mi ayuda?
Ella, aún joven, no sabe
que soy un profeta.
No sabe que ambos
estamos enamorados
de la misma mujer,
de aquella Virgen Santísima
que nos llevará lejos
y que tal vez nos arrojará a las zarzas.
Y querría decírselo,
Padre mío,
pero es muy joven:
podría asustarla.

Davide nacque povero
ma non sentì mai
i suoi bisogni;
io attraversai il manicomio
in piena letizia.
Forse ho sbagliato
la strada,
ma non avevo voglia
di tornare indietro
a vedere
le cattiverie del mondo.
Si nasce
non soltanto per morire,
ma per camminare a lungo,
con piedi
che non conoscono dimora
e vanno oltre ogni montagna.

David nació pobre
pero nunca sintió el peso
de su miseria;
mi paso por el manicomio
transcurrió en plena dicha.
Tal vez equivoqué
el camino,
pero no quería
regresar
y ver
las crueldades del mundo.
Se nace
no sólo para morir,
sino para andar mucho,
con pies
que no conocen morada
y superan toda montaña.

Non sei ancora vita,
non sei ancora carne,
non sei ancora colore.
La morte, David,
è un colore vincente,
inavvicinabile.
Quante volte,
quante volte l'avrai invocata
nel tuo eremo di poeta,
in quello che ti hanno imposto gli altri.
Però adesso
ti sento crepitare
tra le mie lenzuola
come fossi morto nel mio povero letto
dove ogni giorno,
tenendoti stancamente per mano,
mi sono sentita morire
per colpa di tutti quelli
che hanno ucciso anche te.
Noi saremo anche eternamente colpevoli
perché abbiamo osato amare Dio
attraverso il peso
della nostra croce personale,
che non è proprio quella cristiana,
ma rispecchia
l'ultimo grido di Cristo.
Se puoi, Signore,
se vuoi,
salvaci dalla croce.

Aún no eres vida,
aún no eres carne,
aún no eres color.
La muerte, David,
tiene un color victorioso,
inalcanzable.
Cuántas veces,
cuántas veces la habrás invocado
en tu aislamiento de poeta,
que otros te han impuesto.
Pero ahora
te oigo crujir
entre mis sábanas
como si hubieses muerto en mi pobre lecho
donde cada día,
al sostener con fatiga tu mano,
me sentía morir
por culpa de todos aquéllos
que también te han matado.
Seremos además eternamente culpables
por haber osado amar a Dios
con el peso
de nuestra propia cruz,
que no es realmente la cristiana,
pero sí refleja
el último grito de Cristo.
Si es posible, Señor,
si así lo quieres,
sálvanos de la cruz.

Dal niente della tua povertà eri diventato un frate servo di Maria Vergine, e poiché amavi le donne come compagne di sventura dell'uomo, volevi aiutare Maria a reggere il peso del mondo. Maria, la bellissima adolescente che tormentò le tue notti.

Il desiderio sublime della madre di Dio ti fece diventare servo e signore di tante terre.

Pagammo duramente io, tu e altri, la nostra scelta religiosa.

Io fui devastata dal manicomio, tu dal male feroce; ma ci siamo amati di amore puro e abbiamo attraversato le tempeste senza bagnarci mai.

Desde la nada de tu pobreza te habías convertido en un fraile siervo de la Virgen María, y ya que amabas a las mujeres como compañeras de desdichas del hombre, querías ayudar a María a soportar el peso del mundo. María, la bellísima adolescente que atormentó tus noches.

El deseo sublime de la madre de Dios te convirtió en siervo y señor de tantas tierras.

Por nuestra elección religiosa, tú, yo y otros, hemos pagado un alto precio.

Yo quedé devastada por el manicomio, tú, por el mal feroz; pero nos amamos con amor puro y hemos atravesado las tormentas sin mojarnos jamás.

Io venni alla Corsia dei Servi
e appena ti vidi la mia ragione ammutolì.
Mai avrei toccato la tua veste santa
di uomo prescelto da Dio.
Tu eri una pietra profumata,
una pietra su cui ciascuno
poteva posare il suo piede
per attraversare il torrente della vita.
E a guado ti inoltravi nelle foreste
dei nostri giorni e delle nostre notti.
Ma anche a notte fonda Dio in te
faceva luce,
e mai cieco fu più veggente
del tuo sguardo di uomo.

Llegué a Corsia dei Servi
y apenas te vi mi razón enmudeció.
Jamás habría tocado tu vestido santo
de hombre elegido por Dios.
Eras una piedra perfumada,
una piedra sobre la cual cada uno
podía apoyar el pie
y atravesar el torrente de la vida.
Vadeando te adentrabas en las selvas
de nuestros días y de nuestras noches.
Pero aún en la honda noche Dios
te colmaba de luz,
y jamás hubo ciego más vidente
que tu mirada de hombre.

L'ombra delle tue mani,
padre,
è come una nave
che transita sul mio corpo,
che è terra,
terra sfinita.

La sombra de tus manos,
padre,
es como un barco
que transita sobre mi cuerpo,
que es tierra,
tierra extenuada.

O luce che cammina non vista,
le tue mani sono piene di pietà assoluta.
Vorresti bere e non puoi,
vorresti gridare aiuto
e dalla tua bocca inferma non esce una parola.
È stato un gesto di folle amore
quello di Dio,
e tu che hai voluto entrare nella sua follia
sei morto per sempre.
Tu che venivi dal sangue
e hai vissuto al sole, o David,
come racconterai all'uomo
che conosce il Signore
che sei così sazio di verità da morire d'amore?
Come dirai agli altri
che conosci lo stratagemma del diavolo?
Gli altri diranno che tu menti
perché nel demonio hanno fiducia.
Come profeta sei stato inchiodato alla croce
perché ti si chiudessero gli occhi,
quei tuoi occhi che non davano lacrime
quando ti sedevi in disparte, solo.

Oh luz que avanzas desapercibida,
tus manos desbordan una piedad absoluta.
Querrías beber y no puedes,
querrías pedir auxilio
pero de tu boca enferma no sale palabra.
El de Dios,
ha sido un gesto de amor loco,
y tú que quisiste entrar en su locura
has muerto para siempre.
Tú que provenías de la sangre
y viviste bajo el sol, oh, David,
¿cómo le dirás al hombre
que conoce al Señor
que estás tan saciado de verdad como para morir de amor?
¿Cómo le dirás a los demás
que conoces la estratagema del diablo?
Los demás dirán que mientes
porque confían en el demonio.
Como profeta te clavaron en la cruz
para que tus ojos se cerraran,
esos ojos tuyos que no derramaban lágrimas
cuando te sentabas apartado, solo.

Le tue mani hanno accarezzato Milano,
le combustioni infelici della nostra città.
Le tue mani operose e facili
ghermivano la violenza
e sapevano come si uccide il demonio.
Tu non avevi paura di niente.
Gridavi dall'abside
che la Chiesa stava morendo
e fosti un vero profeta,
così alto e potente
che avevi previsto la nostra rovina.
Adesso mangiamo pollo
come in manicomio,
con il ventre gettato per terra.
Tu eri una terra che dava frutti,
i frutti dell'abbondanza,
e abbracciavi me, discepola inerte,
con l'amore di un grande padre.
Avresti voluto le mani di una donna
che ti accarezzasse il volto,
di una grande Veronica
che ti asciugasse il sudore.
Come sudavi, David, nel cenacolo arido
delle tue tentazioni.
Come punivi i peccatori
che si allontanavano dal desco santo
della tua comunione.
Come piangevi su Milano arsa.

Tus manos acariciaron Milán,
las tristes cenizas de nuestra ciudad.
Tus manos laboriosas y fáciles
aferraban la violencia
y sabían cómo matar al demonio.
No tenías miedo de nada.
Desde el ábside gritabas
que la Iglesia estaba muriendo
y fuiste un verdadero profeta,
tan alto y poderoso
que lograste vislumbrar nuestra ruina.
Ahora comemos pollo
como en el manicomio,
con el vientre contra el suelo.
Eras tierra que daba frutos,
los frutos de la abundancia,
y me abrazabas a mí, discípula inerte,
con el amor de un gran padre.
Habrías querido que las manos de una mujer
te acariciaran el rostro,
que una Verónica espléndida
secara tu sudor.
Cómo sudabas, David, en el cenáculo árido
de tus tentaciones.
Cómo castigabas a los pecadores
que se alejaban de la santa mesa
de tu comunión.
Cómo llorabas a tu Milán en cenizas.

E pietra su pietra, lacrima su lacrima,
Milano, donna sublime,
veniva ricostruita da te
e dai tuoi discepoli operosi.

Y piedra sobre piedra, lágrima sobre lágrima,
Milán, mujer sublime,
estaba siendo reconstruida por ti
y por tus afanosos discípulos.

Parlavi di abissi,
di tenebre che diventano luce,
e a volte sembravi svenire
quando il nome di Dio precipitava
nella tua anima
e ti frastornava come un albero
sbattuto dal vento.
Ma tu non ti muovevi,
volevi che tenebre e luce
trovassero un punto di incontro
nello sguardo degli altri.

Hablabas de abismos,
de tinieblas que devienen luz,
y en ocasiones parecías desfallecer
cuando el nombre de Dios se precipitaba
en tu alma
y te estremecía como árbol
sacudido por el viento.
Pero tú no te movías,
querías que tiniebla y luz
hallasen un punto de encuentro
en la mirada de los otros.

In ogni anima c'è un albero segreto,
c'è un nido cavo
in cui l'uomo vorrebbe depositare
la propria sapienza.
Ma in quanto figlio di Dio
e figlio dell'uomo e anche creatura,
l'uomo ha sempre sentito il bisogno
di somigliare a colui che lo ha creato,
come ogni figlio a suo padre.
L'anima è l'impronta della creazione
che l'uomo ha in se stesso.
Ma l'anima si può convertire in colpa
quando non è colma di verità.
La colpa è l'errore degli altri
che si insinua nel nostro eremo
e diventa una nostra creatura notturna.

En toda alma hay un árbol secreto,
un nido hueco
donde el hombre querría depositar
su propia sabiduría.
Pero como hijo de Dios
e hijo del hombre y también criatura,
el hombre siempre ha sentido la necesidad
de semejarse a quien lo creó,
como todo hijo a su padre.
El alma es la huella de la creación
que el hombre lleva dentro.
Pero el alma puede transformarse en culpa
si no está colmada de verdad.
La culpa es el error de los otros
que se insinúa en nuestro claustro
y deviene nuestra criatura nocturna.

La passione è un inverno.
Vorresti una carezza
e ti cade addosso
una mano piena di spine,
una mano volgare e disattenta
che ti parla di morte,
di abbandono,
di spazio chiuso.
La paura che l'uomo o il pensiero
intorbidiscano i torrenti della tua infanzia
diventa allora una preghiera ardente,
una bottiglia che getti nell'acqua
sperando che la raccolgano gli angeli.

La pasión es un invierno.
Desearías una caricia
pero cae sobre ti
una mano llena de espinas,
una mano vulgar y distraída
que te habla de muerte,
de abandono,
de espacio clausurado.
El miedo de que el hombre o el pensamiento
enturbien los torrentes de tu infancia
entonces deviene plegaria fervorosa,
una botella que lanzas al agua
deseando que la recojan los ángeles.

Partorii un figlio una notte
e aveva il tuo volto.
Quel siero che ti sgorgava dal cuore
erano le lacrime taciute.
Dopo la guerra Milano era impazzita
e nacque la lussuria.
Tu urgevi alle porte delle meretrici
e volevi chiuderle al desiderio degli uomini.
Solo tu conoscevi l'amore,
solo tu conoscevi la donna
che crocifiggeva l'uomo,
la donna strumento di Dio
che fece cadere Adamo per terra.
Solo tu cercavi disperatamente
il serpente che abbeverava la terra
e come Maria volevi schiacciarlo
sotto il calcagno.
Ma il serpente ti divorava l'anima,
ed era così superbo
da voler imbrigliare la tua lingua.
Ma tu, santo osservatore delle leggi di Dio,
avevi il Sinai nel cuore e diventavi bianco
per lo sgomento e per l'ira repressa.
Combattere il demonio
era come distruggere il peccato,
e dopo le guerre
l'uomo aveva bisogno di perdono.

Una noche di a luz a un hijo
que tenía tu rostro.
Aquel suero que brotaba de tu corazón
eran lágrimas calladas.
Al terminar la guerra, Milán había enloquecido,
y nació la lujuria.
Llamabas a las puertas de las meretrices
para clausurarlas al deseo de los hombres.
Sólo tú conocías el amor,
sólo tú conocías a la mujer
que crucificaba al hombre,
la mujer instrumento de Dios
que hizo caer a Adán.
Sólo tú buscabas con desesperación
la sierpe que daba de beber a la tierra
y al igual que María querías aplastarla
bajo el talón.
Pero la serpiente devoraba tu alma,
y era tan soberbia
que quería embridar tu lengua.
Pero tú, santo observador de las leyes de Dios,
llevabas el Sinaí en tu corazón y palidecías
por el espanto y la ira sofocada.
Combatir al demonio
era como destruir el pecado;
y después de las guerras,
el hombre necesitaba del perdón.

Mi parlano spesso dell'amore.
E io, quando mi sento offrire
con tanta leggerezza un problema così grave,
inorridisco.
L'amore è qualcosa
che può capovolgere la storia,
può dannare un'anima
o farla salire in paradiso:
è questione di fortuna.
L'amore è una piramide alata
con radici ben profonde nella terra.
Amore e morte sono la stessa cosa.
L'uomo innamorato non conosce il suo destino:
sa che è stato colpito a morte
da un evento storico,
sa che può morirne,
perché l'amore è un accadimento miracoloso.

A menudo me hablan del amor.
Y cuando veo que me ofrecen
con tal ligereza un problema tan grave,
me horrorizo.
El amor es algo
que puede trastocar la historia,
puede condenar un alma
o llevarla al paraíso:
es cuestión de suerte.
El amor es una pirámide alada
con raíces bien profundas en la tierra.
Amor y muerte son la misma cosa.
El hombre enamorado no conoce su destino:
sabe que fue herido de muerte
por un suceso histórico,
sabe que por ello puede morir
pues el amor es un acontecimiento milagroso.

Senza essere viste, le maschere girano nell'aria: io avrei voluto fare del teatro, avrei voluto gridare al mondo la potenza della mia voce.

Sono nata così: seducente e sbadata, capace di spogliarmi e rivestirmi in un solo momento.

Ciò che importa è la scena, lo spettacolo, l'apoteosi.

Sì, ho imparato a capire che l'uomo si lascia canzonare e che vuole essere canzonato, ma una ridondanza d'amore può fare schiattare dalle risa.

Raramente si crede nell'amore, spesso si crede nella farsa.

L'uomo ha imparato che per far ridere bisogna anche saper piangere.

Invisibles, giran en el aire las máscaras: me habría gustado hacer teatro, que el mundo oyera la potencia de mi voz.

Así nací: seductora y distraída, capaz de desnudarme y vestirme de nuevo en un instante.

Lo que importa es la escena, el espectáculo, la apoteosis.

Sí, he podido comprender que el hombre se deja burlar y que quiere ser el objeto de la burla, pero una abundancia de amor puede matarte de risa.

Raramente se cree en el amor, y a menudo en la farsa.

El hombre ha aprendido que para hacer reír, necesita también saber llorar.

Se ti potessi parlare, padre,
delle ombre, dei mille pensieri
che mi visitano nella notte
fino a comporre una sarabanda infelice.
I demoni che mi danzano intorno
con oscure gonnelle.
Uomini e donne che mi toccano
con le loro dita:
il sabba delle streghe di questo palazzo,
le visitazioni orrende
e le chiavi del Paradiso
che perdo ad ogni ora,
che cadono con un tonfo per terra.
O padre, tu hai visto l'Apocalisse,
quel Dio delicato e fragrante
che alza le mani
e divide la pula dal grano dolce.
Padre, tu hai capito
la dannazione dell'uomo.

Si pudiera hablarte, padre,
de las sombras, de los mil pensamientos
que por la noche me visitan
hasta componer una zarabanda infeliz.
Los demonios que danzan a mi alrededor
con oscuras faldas.
Hombres y mujeres que me tocan
con sus dedos:
el *sabbat* de las brujas de este edificio,
las visitaciones horrendas
y las llaves del Paraíso
que pierdo a todas horas,
que caen al suelo con un ruido sordo.
Oh, padre, tú has visto el Apocalipsis,
aquel Dios delicado y perfumado
que alza las manos
y separa el cascabillo del grano dulce.
Padre, has entendido
la condena del hombre.

Ricordo quando ti presentai mia figlia e tu come un profeta te la portasti al cuore e mi dicesti: «Ecco la più bella poesia che mi hai regalato».
Amavi i figli e amavi anche l'amore che li generava. E a un certo punto ti privasti di quella carne perfetta che può generare un uomo.
Così anche tu come Francesco non eri più né padre, né madre, ma eri solo pastura di Dio.
Il prete abbandona tutto per la santa umiltà, per diventare servo congiunto.
Non per nulla mia figlia ha poi chiamato Davide il suo primogenito, come se appena nato avesse introiettato la tua voce divina.
Avevi una voce che scendeva nei visceri e dominava ogni silenzio.

Recuerdo cuando te presenté a mi hija y tú, como un profeta, la llevaste a tu corazón y me dijiste: «Éste es el poema más bello que me has regalado».

Amabas a tus hijos y amabas también el amor que los había procreado. Y al cabo de un tiempo te privaste de aquella carne perfecta capaz de procrear a un hombre.

Así, también tú, como Francisco, ya no eras ni padre ni madre, sino sólo la pastura de Dios.

El cura abandona todo por la santa humildad, para convertirse en siervo cercano.

No por azar mi hija llamó Davide a su primogénito, como si al nacer hubiera interiorizado tu voz divina.

Tu voz descendía hasta las vísceras y dominaba todo silencio.

Che cos'è il Nulla, mi dicevi,
se non la presenza di Dio
che si rivela nel vuoto di noi stessi,
in quello spazio cavo
dove Dio crea in noi,
dove espande la sua voce senza confini?
E ascoltando quella voce oscura
tu ti innamoravi.
Eri caduto nel tuo amore per Dio
come in una trappola.
Siamo prigionieri di Dio,
poeti del Nulla
che si alzano per testimoniare
la sua presenza.

¿Qué es la Nada, me decías,
sino la presencia de Dios
que se revela en nuestro vacío,
en ese espacio hueco
nuestro, donde Dios crea
y expande su voz infinita?
Al escuchar esa voz oscura
te enamorabas.
En tu amor por Dios habías caído
en una suerte de trampa.
Somos prisioneros de Dios,
poetas de la Nada
que se alzan para dar testimonio
de su presencia.

In certi momenti della vita si manifesta nel cuore un punto estraneo alla nostra percezione, un'altra realtà, il programma di un'esistenza che non avrà termine né cominciamento: una turba di infedeli che invadono la tua guerra e la tua pace.

Tu eri l'unico sacramento che conoscessi, un prete, un prete che diradava le tenebre, un prete che accarezzava quelle carni rese putride dalla distanza, un prete che era la memoria.

Per ricevere le mie vecchie memorie dovevo guardarti negli occhi, e tu mi raccontavi che cosa ero stata io dal concepimento ad oggi: mi parlavi d'amore.

En ciertos momentos de la vida se manifiesta en el corazón un punto ajeno a nuestra percepción, otra realidad, el programa de una existencia que no tendrá ni fin ni comienzo: una multitud de infieles que invaden tu guerra y tu paz.

Eras el único sacramento que conocía, un cura, un cura que despejaba las tinieblas, un cura que acariciaba aquellas carnes marchitas por la distancia, un cura que era la memoria.

Para recobrar mis antiguos recuerdos tenía que mirarte a los ojos, y tú me contabas lo que yo había sido desde la concepción hasta hoy: me hablabas de amor.

Mi dicevi
che l'amore è nudo e senza nessuno.
Sembrava, quando parlavi,
che gravitassi intorno all'universo.
E io ti seguivo,
sapendo che pur camminando sul nulla
non saresti mai caduto.
Il Nulla era il mare
su cui tu miracolosamente passavi.

Me decías
que el amor es desnudo y solitario.
Y al hablar parecías
gravitar en torno al universo.
Y yo te seguía,
consciente de que aun si caminaras sobre la nada
jamás habrías caído.
La Nada era el mar
que tú milagrosamente atravesabas.

Tu sapevi del Nulla di Dio,
sapevi che niente
avrebbe potuto rendere visibile
il suo sguardo d'amore,
a parte il Cristo.
Il Cristo che stringevi tra le mani
come una pietra,
e volevi gridare il suo nome
perché la creazione sentisse
la sua presenza.
E un giorno mi hai fatto vedere
quella pietra senza colore
che tremava di respiri,
e mi dicesti che era pane senza origine.
Io devo gettare il Cristo
dovunque ci sia un palpito di vita,
mi dicevi,
devo gettare il Cristo
nelle vene del mondo.

Tú sabías sobre la Nada de Dios,
sabías que nada
salvo Cristo
habría podido hacer visible
su mirada de amor.
Ese Cristo que sujetabas entre las manos
como una piedra,
y querías gritar su nombre
para que la creación sintiera
su presencia.
Y un día me mostraste
aquella piedra sin color
que suspiraba temblorosa
y me dijiste que era un pan sin origen.
Debo arrojar el Cristo
adonde quiera que haya un latido de vida,
me decías,
tengo que arrojar el Cristo
en las venas del mundo.

Voce di David

La mia veste è un cerchio
di povertà e preghiera,
la mia vita un grido contro il Signore.
Ma perché, Dio,
hai voluto caricarmi
di questi segni ulteriori?
Io amavo la mia povertà:
era il segno della mia delinquenza,
del mio tradimento contro di te.
Perché volevo, Dio,
che tu fossi diverso:
meno buono,
meno conciliatore.
Dio, come ti ho amato
e come ho disprezzato in te
la mia povertà,
e non avevo capito
che era la mia ricchezza.
Non avevo capito che Tu
mi avevi derubato di tutto
perché volevi degustarmi l'anima.
Io nato povero,
diseguale,
imperfetto,
ho dovuto degustare ogni giorno
il miele prezioso
della tua presenza.
Ero invaso dalla tua parola
come da una cascata di manna,
ma ero così solo

Voz de David

Mi sotana es un círculo
de pobreza y oración,
mi vida, un grito contra el Señor.
¿Por qué, Dios,
has querido echar
más carga sobre mis hombros?
Yo amaba mi pobreza:
era la marca de mi delincuencia,
de mi traición hacia ti.
Porque quería, Dios,
que tú fueras distinto:
menos bueno,
menos conciliador.
Dios, cuánto te he amado
y cuánto he despreciado en ti
mi miseria,
y no había comprendido
que ésa era mi riqueza.
No había comprendido que Tú
me habías despojado de todo
porque querías saborear mi alma.
Yo, que nací pobre,
distinto,
imperfecto,
he tenido que saborear cada día
la preciosa miel
de tu presencia.
Estaba invadido por tu palabra
como por una cascada de maná,
pero estaba tan solo

e così circondato dagli angeli.
Fu una moltitudine di angeli
che invadevano il mio piccolo spazio.
Ero come una donna piena
di assurde visitazioni.
Ero l'inferno e il paradiso di Dio.
Ma come fai Tu che sei immenso
ad abitare nel limite di un uomo?

y tan rodeado de ángeles.
Era una multitud de ángeles
que invadían mi pequeño espacio.
Era como una mujer desbordada
por absurdas visitaciones.
Era el infierno y el paraíso de Dios.

Pero, ¿cómo haces Tú que eres inmenso
para habitar en el límite del hombre?

Le tue mani
sono state per me l'ombra del Cielo.
Con le tue mani che erano rugiada
hai fatto rifiorire i fiori del mio dolore.
Erano mani che conoscevano morte e sogno,
sogno e morte.
Tu hai adorato le donne,
le hai vilipese nel tuo pudore.
Le tue mani erano spirito,
ma vederle lì,
inchiodate a una croce…
Credeva l'uomo mortale
che liberandosi delle tue mani
si sarebbe liberato di te,
carne e spirito,
spirito e potenza.
Tu sei l'eterno assetato di Dio,
ma noi siamo assetati di te.
Come non ridonarti il nostro amore?
Come non vedere
nel tuo lenzuolo funebre
il sigillo della tua grandezza?

Tus manos
han sido para mí la sombra del Cielo.
Con tus manos de rocío
volvieron a florecer las flores de mi dolor.
Eran manos que conocían muerte y sueño,
sueño y muerte.
Adoraste a las mujeres,
las vilipendiaste en tu pudor.
Tus manos eran espíritu,
pero verlas ahí,
clavadas en la cruz...
El hombre mortal pensó
que al liberarse de tus manos
podría liberarse de ti,
carne y espíritu,
espíritu y potencia.
Tú llevas la eterna sed de Dios,
y nosotros tenemos sed de ti.
¿Cómo no volver a amarte?
¿Cómo no reconocer
en tu sudario fúnebre
el sello de tu grandeza?

La sovrana della Sindone è la peccatrice, colei che raccoglie i resti di un'anima travagliata fino alla morte. È normale, per colei che ha toccato i piedi di Cristo e ha capito il suo lungo cammino, trovarsi la sua anima tra le mani.

Il meraviglioso volto di Dio sfigurato dagli spasimi atroci non ha assunto il calice di amaro veleno che gli ha offerto il demonio.

Ha stretto le labbra fino allo spasimo, ma non ha bevuto una goccia di quel nettare malefico.

Eppure Dio è morto di sete, soprattutto di sete di verità, di sete d'amore.

Non c'è debolezza in questo volto, così tragico da sembrare quello di un soldato che va verso la guerra.

È fatto di marmo e di luce, ma di una luce che ha trapassato il marmo e ha visto nella pietra solo un lieve carico della terra; perciò l'ha rimossa, con il solo pensiero.

La dueña de la Síndone* es la pecadora que recoge los restos de un alma atribulada hasta la muerte. Es normal para aquélla que ha tocado los pies de Cristo y ha comprendido su largo camino, hallar su alma entre las manos.

El maravilloso rostro de Dios, desfigurado por espasmos atroces, no aceptó el cáliz de amargo veneno que el demonio le ofreció.

Apretó sus labios hasta el espasmo, sin beber gota alguna de aquel néctar maléfico.

Sin embargo, Dios murió de sed, sobre todo sed de verdad, sed de amor.

No hay debilidad en este rostro, tan trágico como el rostro del soldado que va a la guerra.

Está hecho de mármol y luz, pero de una luz que ha traspasado el mármol y ha visto en la piedra sólo un leve peso de la tierra; por eso logró removerla con tan sólo el pensamiento.

---

* La Síndone es la Sábana Santa de Turín.

Quali fiamme generava Dio nel tuo viso, David? Tu le lasciavi cadere vicino ai miei piedi.

La tua bellezza disorientava le folle che non capivano le tue parole.

Ma in fondo nessun profeta è stato mai compreso.

I profeti sono tronchi di fuoco che Dio getta nel mondo.

E io ti guardavo: il tuo volto pieno di fiamme sapeva dare sollievo come un sorso d'acqua. Questo è il mistero: una tempesta, un vortice di fuoco e di acqua che insegue l'uomo fino alla fine.

¿Qué llamas encendía Dios en tu rostro, David?
Tú las dejabas caer junto a mis pies.
Tu belleza desorientaba a las multitudes que no comprendían tus palabras.
Pero en realidad ningún profeta ha sido comprendido.
Los profetas son troncos de fuego que Dios arroja al mundo.
Y yo te miraba: tu rostro en llamas sabía dar alivio como un sorbo de agua. Éste es el misterio: una tormenta, un vórtice de fuego y agua que persigue al hombre hasta el final.

Il poeta, candidissimo uccello,
non lascia orme e le lascia ovunque:
è un sogno che si appiglia
alle spalle dell'amante,
è un'aquila che non dorme
e che si inarca,
ed è un arcobaleno
che bagna i confini della terra
ma si perde nel vuoto,
ed è prigioniero del Dio degli abissi:
quindi diventa pietra di smeraldi.

El poeta, ave inmaculada,
no deja huellas y las deja por todas partes:
es un sueño aferrado
a los hombros del amante,
es un águila que no duerme
y que se arquea,
y es un arcoíris
que baña los confines de la tierra
pero se pierde en el vacío,
y es prisionero del Dios de los abismos:
entonces deviene una piedra de esmeraldas.

Parlando di Te, Signore,
bisogna parlare del piacere della vita,
del piacere che hai dato
alla nostra povera carne
e persino dell'orrendo rancore
che pervade l'assassino.
Siamo stati percorsi dalla tua luce
prima di Betlemme.
Abbiamo sentito nei nostri visceri
la tua nascita.
I profeti ce l'hanno detto,
e quando sei venuto al mondo
tutto il genere umano ha partorito il Cristo.
Persino gli uomini
sono diventati gravidi del piacere di te.
E Tu piacevi alle donne
così come piacevi alle piante,
agli animali,
all'erba,
al cielo stellato.
Tutto il mondo era saturo di Dio,
tutto il mondo era saturo di Gesù,
tutto il mondo ti amava,
e Tu sei stato l'amico della terra,
il figlio del Padre,
che ha creato l'uomo
con un sospiro d'amore.

Al hablar de Ti, Señor,
hay que hablar del placer de la vida,
del placer que has dado
a nuestra pobre carne
y hasta del horrible rencor
que invade al asesino.
Fuimos traspasados por tu luz
antes que Belén.
Sentimos en nuestras entrañas
tu nacimiento.
Los profetas nos lo anunciaron,
y cuando llegaste al mundo
todo el género humano dio a luz a Cristo.
Hasta los hombres
se preñaron del placer de ti.
Y Tú le gustabas a las mujeres
así como le gustabas a las plantas,
a los animales,
a la hierba,
al cielo estrellado.
Todo el mundo estaba colmado de Dios,
todo el mundo estaba colmado de Jesús,
todo el mundo te amaba,
y Tú fuiste el amigo de la tierra,
el hijo del Padre,
quien creó al hombre
con un suspiro de amor.

O David,
il profeta grida con altre parole.
Le sue parole sono fiori che si staccano
da abissi che nessuno vede.
Volevi che tutto fosse un ringraziamento,
una parola pura
capace di scendere e di risalire
come se l'universo fosse la gola di un canto.
Talvolta Dio diventa materia;
talvolta la materia diventa Dio.
E quando guardavo i tuoi occhi
sapevo che tu stavi assistendo
a questo misterioso movimento.
Eri immobile, a guardarlo.

Oh, David,
el profeta grita con otras palabras.
Sus palabras son flores que se desprenden
de abismos que nadie puede ver.
Querías que todo fuera un agradecimiento,
una palabra pura
capaz de descender y ascender
como si el universo fuera la garganta de un canto.
A veces Dios deviene materia;
a veces la materia se transforma en Dios.
Y cuando yo miraba tus ojos
sabía que tú estabas presenciando
este misterioso movimiento.
Inmóvil, lo mirabas.

O Eterno Movimento,
tu trasformi la materia in sostanza ardente.
Tutto viene trasformato in te.
Se sulla terra esistono malattie
che si impossessano dei corpi,
dentro di te esiste una sostanza eterna
che si impossessa della materia.
È lì il tuo segreto:
quando tu tocchi la materia
le dai vita senza ragioni.

Oh, Eterno Movimiento,
transformas la materia en sustancia ardiente.
En ti todo se transforma.
Si en la tierra existen enfermedades
que se apoderan de los cuerpos,
dentro de ti existe una sustancia eterna
que se apodera de la materia.
Es éste tu secreto:
apenas tocas la materia
y sin razón alguna la llenas de vida.

I tuoi capelli, come a Sansone, cadevano a terra. E perdevi le tue energie. Io venivo a trovarti e ti chiamavo Santo. Tu ti alzavi infuriato e mi dicevi: «Sciocca, io sono un peccatore».

La coscienza dei tuoi peccati ti faceva piangere.

Ah, David, se l'uomo fosse cosciente degli schiaffi che dà al Signore ogni volta che lo dimentica!

Ma tu avevi Dio nella memoria, e a un certo punto fosti messo in disparte perché parlavi della fine del mondo.

Il guardiano del paradiso è stato divorato da cani molesti, da cani ubriachi di crapula che diventano belve e poi maiali.

Tu, morto, sollevi in alto l'Agnello che viene sacrificato per chi non ha fede.

Como Sansón perdiste el cabello. Y así tu energía. Yo te visitaba y te llamaba Santo.

Te levantabas y enfurecido me decías: «Necia, soy un pecador».

La conciencia de tus pecados te hacía llorar.

Ay, David, ¡ojalá el hombre tuviera consciencia de las bofetadas que da al Señor cada vez que lo olvida!

Pero llevabas a Dios en tu memoria, y de pronto te echaron a un lado porque hablabas del fin del mundo.

El guardián del paraíso ha sido devorado por perros furiosos, perros ebrios de lujuria que se transforman en fieras y después en cerdos.

Tú, muerto, levantas hacia lo alto el Cordero del sacrificio para los que no tienen fe.

La solitudine è un tremendo ibis
che vive nel deserto della fede.
Quei deserti, Signore,
che tu ci butti addosso come polvere
e si convertono in manna del cuore.
Tu conosci la saggezza di chi è solo.
Io ho spavento della solitudine
ma non della morte:
essa viveva con me nelle tenebre
e a tratti diventava luce.
Tu non sai come colei
che ci molesta ogni giorno
si accuccia ogni sera
accanto alle nostre lenzuola.

La soledad es un ibis implacable
que vive en el desierto de la fe.
Esos desiertos, Señor,
que nos echas encima como polvo
y se convierten en maná del corazón.
Tú conoces la sabiduría de quien está solo.
A mí me espanta la soledad
pero no la muerte:
ella vivía conmigo en las tinieblas
y por instantes se convertía en luz.
Tú no sabes de qué forma ella,
la que todos los días nos molesta,
por las noches se acurruca
junto a nuestras sábanas.

Se io ti voglio bene è perché viaggio sola,
su una nave assolata
che sente tutte le tempeste,
che sono anime vive che vivono già
nel purgatorio della loro esistenza,
e si battono il petto
per sentire il rimbombo della poesia.
Ci sono donne che transitano
sulla via del mio amore per te
e buttano sale sulle ferite aperte.
Sono donne che vogliono vincere
ad ogni costo
e non sanno che il poeta tace
per non mentire.
Ma forse protegge solo la sua verità.

Si te quiero es porque viajo sola,
en un barco soleado
que siente todas las tormentas,
almas vivas atravesando
el purgatorio de su existencia,
almas que se golpean el pecho
para oír el estruendo de la poesía.
Hay mujeres que transitan
el camino de mi amor por ti
y arrojan sal en las heridas abiertas.
Son mujeres que quieren ganar
a toda costa,
no saben que el poeta calla
para no mentir.
Tal vez sólo protege su verdad.

Mi chiedono spesso perché non viaggio,
perché non mi muovo,
ma al di là della paralisi delle mie ossa
io sono diventata una pianta,
un baobab immenso,
e amo tanto il terreno su cui vivo,
che spero, vivamente spero
che diventi la spelonca della mia morte.
Non voglio vederti
e non voglio raggiungerti,
anche perché io e te siamo così vicini
e così lontani e siamo diventati muti.
È chiaro che le mie mani
vogliono accarezzare il tuo corpo,
il tuo volto e le tue mani il mio.
Ma non aggiungerebbero queste carezze
pena alle già grandi pene?
Non diventerebbero queste mani
centinaia di mani
che voluttuosamente si adagiano
sopra il mio corpo?
Ho sentito mani per ogni dove,
ho avuto visite per ogni dove,
e coloro che entrano nella mia casa
non capiscono che interrompono l'anima
e il flusso del nostro dolore.

A menudo me preguntan por qué no viajo,
por qué no me muevo,
pero más allá de la parálisis de mis huesos
me he convertido en una planta,
un baobab inmenso,
y amo tanto el terreno en el que vivo,
que deseo, fuertemente deseo
que se convierta en la caverna de mi muerte.
No quiero verte
y no quiero alcanzarte,
porque además tú y yo estamos tan cerca
y tan lejos que nos hemos quedado mudos.
Está claro que mis manos
quieren acariciar tu cuerpo,
tu rostro, y tus manos el mío.
Pero, ¿no añadirían esas caricias
más pena a las ya grandes penas?
¿No se convertirían estas manos
en cientos de manos
que voluptuosamente se desplazan
sobre mi cuerpo?
He sentido manos por todas partes,
he recibido visitas por todas partes,
y quienes entran en mi casa
no entienden que interrumpen el alma
y el flujo de nuestro dolor.

O Dio, pieno di grazia,
che tremi tra le dita delle donne,
o Dio tremendo che baci il sole,
che diventi rugiada,
o Dio di Dio,
che scomponi le labbra
e le unisci nella preghiera,
Dio che divarichi il cuore
e poi lo ricomponi.
Tomba di gioia e tomba di salute,
Dio di granito che scompari e appari,
Dio che delle sue estasi
ha una sola memoria
e che bagna il fiume del poeta.

Oh Dios, lleno de gracia,
que tiemblas entre los dedos de las mujeres,
oh Dios tremendo que besas el sol,
que te conviertes en rocío,
oh Dios de Dios,
que separas los labios
y los unes en la plegaria,
Dios que abres el corazón
y después lo cierras de nuevo.
Tumba de dicha y tumba de salud,
Dios de granito que desapareces y apareces,
Dios que de sus éxtasis
tiene una sola memoria
y que baña el río del poeta.

Ciò che a noi sembra incomprensibile
sulla morte di Dio, inverosimile,
ciò che non è stato predetto,
che forse non verrà spiegato mai:
la luce dentro il sogno,
la morte in questa improvvisa rinascita.
Ma quanti di noi
sono stati capaci di rinascere?
Quanti sono usciti dal disgusto
e hanno rifatto il loro corpo
come se niente fosse mai esistito?
Quanti non hanno lasciato tracce?
Quanti ne hanno lasciate?
Ma non è l'uomo che sostiene Dio
e, come un eterno Anchise,
se lo porta sulle spalle e gli fa attraversare
quel fondo di infinita solitudine
che è la vita?
E se Dio è riuscito a morire,
non è stato forse per provare
che la morte non fa paura,
che la morte è eterna come la vita?

Lo que para nosotros resulta incomprensible
e inverosímil sobre la muerte de Dios,
lo que no ha sido profetizado
y quizá nunca se pueda explicar:
la luz dentro del sueño,
la muerte en este inesperado renacer.
Pero, ¿cuántos de nosotros
no hemos sido capaces de renacer?
¿Cuántos han salido del dolor
y han rehecho su cuerpo
como si nada hubiera existido?
¿Cuántos no dejaron huella?
¿Cuántos sí la dejaron?
Pero, ¿no es el hombre quien sostiene a Dios
y, al igual que un eterno Anquises,
lo carga en sus hombros para que transite
ese fondo de soledad infinita
que es la vida?
Y si Dios logró morir,
¿no ha sido acaso para probar
que no hay que temer a la muerte
y que la muerte es eterna como la vida?

Chiuso fra le pareti del mondo
come da un arabesco di duro silenzio,
la tua mano ogni mattina apriva le finestre
e tu guardavi l'universo che piange.
Tu, lacrima dolente che nessuno vedeva,
ma il tuo sguardo
era come la primavera.
Anche gli uccelli
quel tuo sguardo sentivano,
anche le foglie tu risvegliavi.
Nessuno però ha visto la tua paura,
che nascondevi sotto le vesti
come un cilicio nero.

(a Giovanni Paolo II)

Encerrado entre las paredes del mundo
como por un arabesco de duro silencio,
cada mañana tu mano abría las ventanas
y tú veías llorar al universo.
Tú, lágrima doliente, eras invisible
pero tu mirada
era como la primavera.
También los pájaros
sentían esa mirada tuya,
también despertabas a las hojas.
Pero ninguno vio el temor
que ocultabas bajo tu sotana
como un cilicio negro.

(para Juan Pablo II)

Mi sveglio e raccolgo le mie ombre
a una a una,
ombre che mi sono cadute ai piedi la notte,
lasciandomi senza respiro.
Di notte io sono nuda
come lo spavento,
e cerco di spaventare gli altri,
di atterrirli,
affinché non tocchino le mie vecchie ombre,
le ombre del corpo:
quante memorie,
quanti figli,
quanti disordini
e quanti peccaminosi segreti.
Chiudo la mia porta di sera
e tu non sei entrato,
ma hai vegliato sopra i miei spazi.

Me despierto y recojo mis sombras
una por una,
sombras que a mis pies cayeron por la noche
dejándome sin aliento.
De noche estoy desnuda
como el espanto,
y busco espantar a los demás,
aterrorizarlos,
para que no toquen mis viejas sombras,
las sombras del cuerpo:
cuántas memorias,
cuántos hijos,
cuántos desórdenes
y cuántos secretos pecaminosos.
Por las noches cierro mi puerta
y tú no has entrado,
estabas vigilando mis espacios.

Me lo avevi detto:
egli verrà e avrà la morte negli occhi,
ti guarderà,
e tu come un roveto
avrai accensioni di fiamme
e sentirai scolorire
i tuoi petali rosa.
Ahimè, così delicati,
vivono nel tepore della speranza,
in climi non glaciali,
i petali del tuo amore maledetto;
e pare che per gli uomini tutti
la maledizione sia nell'arte,
mentre invece è nel sospiro degli amanti.

Me lo habías dicho:
él vendrá y tendrá la muerte en sus ojos,
te mirará,
y tú, como una zarza,
arderás en llamas
y sentirás desleírse
tus pétalos rosados.
Ay de mí, tan frágiles,
viven en lo cálido de la esperanza,
en climas no glaciales,
los pétalos de tu amor maldito;
y tal parece que para todos los hombres
la condena está en el arte,
aunque en verdad esté en el suspiro de los amantes.

Fin dal primo cammino
fin da quando la bocca tocca la terra
e bacia il suo primo amore,
l'uomo beve il sorso,
il primo dolcissimo sorso
della sua libertà.
E toccando l'amore
e le sue scaturigini dolci
l'uomo comprende
che l'odio è la radice del bene.
Così cerca l'amore
per sentire l'odio,
così cerca l'odio
per sentire l'amore.
E in questo sconvolgimento dei sensi
Dio batte le sue ali silenziose e libere
perché fu Lui
a imprigionare l'uomo nelle sue corde,
nelle sue sbarre,
nelle sue prigioni di carne.
E l'uomo pensa
che Dio abbia una carne migliore
che si possa a lungo baciare
nel cuore dell'amante,
dove si trova
libertà e silenzio.

Desde el primer camino,
desde que la boca toca la tierra
y besa a su primer amor,
el hombre bebe el sorbo,
el primer sorbo dulcísimo
de su libertad.
Y al tocar el amor
y sus dulces manantiales
el hombre comprende
que el odio es la raíz del bien.
Así busca el amor
para sentir el odio,
así busca el odio
para sentir el amor.
Y en esta confusión de los sentidos
Dios agita sus alas silenciosas y libres
porque fue Él
quien atrapó al hombre en sus cuerdas,
en sus barrotes,
en sus prisiones de carne.
Y el hombre piensa
que Dios tiene una carne mejor
que se puede besar por largo tiempo
en el corazón del amante
donde conviven
libertad y silencio.

Padre,
mi sento affogare nel desiderio, ed è come se non trovassi più la terra per attaccare le mie mani.

Queste barche dolcissime che sono le mani vogliono solo sentire il tuo sguardo.

Ho avuto le mani fredde per tanti anni, mani inerti, mani che hanno toccato volti opachi di donna che non davano alcuna luce, finché tu mi hai presentato tua madre, ed era la prima donna che vedevo al mondo, una fiaccola di luce, così piccola, così luminosa, così buona, che ho perfino sentito il desiderio di lei.

Ma a un tratto nella mia vita, nella profonda luce della mia anima, è entrato un uomo che mi ha sconvolta.

Era paludato di nero come un giustiziere e voleva il mio corpo.

Voleva asservirlo al suo desiderio e riuscì a penetrarmi il cuore con il suo sguardo torvo.

Chiamavo lei a gran voce, che è la più splendida delle donne, che sale sulle montagne più alte, che guarda per me il panorama della vita.

Ed ecco che questo desiderio dell'altro mi stava cancellando il profilo di Dio.

Chiamavo la Madre, la mia innamorata, perché uccidesse quest'uomo, e passavo le notti a torcermi nel letto come una fiamma che non vuole spegnersi.

Ho bramato di morire, volevo uccidere questa sembianza d'uomo che era il costrutto malvagio del diavolo stesso, perché non mi amava.

Era già lui l'inferno sopra la terra.

Ma Maria, che è il paradiso, ordinò a questo demonio di andarsene, e guardò alle mie carni come si guarda a un foglio bianco per imprimere la scrittura dei vincitori e dei vinti.

Padre,
siento que me ahogo en el deseo, como si no hallara una tierra donde apoyar mis manos.
 Estos barcos dulcísimos que son las manos, sólo quieren sentir tu mirada.

 Mis manos permanecieron frías durante muchos años, manos inertes, manos que tocaron rostros opacos de mujer sin emitir luz alguna, hasta que me presentaste a tu madre, era la primera mujer que veía en el mundo, una antorcha de luz, tan pequeña, tan luminosa, tan buena que hasta sentí deseo por ella.

 Pero de pronto en mi vida, en la luz profunda de mi alma, entró un hombre que me turbó.

 Estaba vestido de negro como verdugo y quería mi cuerpo. Quería someterlo a su deseo y logró penetrarme el corazón con su mirada turbia.

 A ella, yo la llamaba a gritos, a ella, la más espléndida de las mujeres, la que sube las montañas más altas, la que con sus ojos ve el panorama de mi vida.

 Y es así como este deseo de un otro iba borrando la figura de Dios.

 Pedía a la Madre, mi enamorada, que me librara de este hombre, y pasaba las noches retorciéndome en el lecho como una llama que se resiste a extinguirse.

 Deseé intensamente morir, quería aniquilar esta semblanza de hombre que era el maligno constructo del diablo mismo, porque no me amaba.

 Él era el infierno en la tierra.

 Pero María, que es el paraíso, ordenó a este demonio que se alejara y miró mis carnes como se mira una hoja en blanco para imprimir la escritura de los vencedores y de los vencidos.

Maria,
sei coperta di indumenti preziosi.
Tutti hanno visto il tuo seno bianco
mentre allattavi il figlio.
Nel tuo figlio privilegiato
c'era in agguato la morte,
patimento triste della vergogna.
Eri solo una sposa della parola.
Eri la sposa di Dio,
ma nessuno poteva credere
che Dio avesse forma di uomo.
E così questo eterno mistero
si riversò su di noi, figli della paura,
e diventò peccato mortale.
Chi non crede a Maria,
divina ascoltatrice dei nostri peccati,
madre ardente che tace il suo mistero?
Chi non crede alle donne?
Chi non crede a tutte le madri
che allevano i propri figli
nel silenzio dell'obbedienza?
Adesso ti adornano d'oro e di canti,
ma ci fu un tempo in cui,
gelida come il ghiaccio,
partoristi dentro una grotta.

María,
estás cubierta de prendas preciosas.
Todos vieron tus senos blancos
mientras amamantabas a tu hijo.
La muerte estaba al acecho
de tu hijo predilecto,
triste tormento de la vergüenza.
Eras tan sólo una esposa de la palabra.
Eras la esposa de Dios,
pero nadie podía creer
que Dios tuviera forma de hombre.
Y así este eterno misterio
se volvió sobre nosotros, hijos del miedo,
para convertirse en pecado mortal.
¿Quién no cree en María,
divina oidora de nuestros pecados,
madre ardiente que calla su misterio?
¿Quién no cree en las mujeres?
¿Quién no cree en todas las madres
que crían a sus propios hijos
en el silencio de la obediencia?
Ahora te ornan de oro y de cantos,
pero hubo un tiempo en que,
gélida como el hielo,
diste a luz en una gruta.

Nessuno ha mai visto un pensiero,
nessuno ha toccato la fuga
di una volpe che muore.
Tu che sei un pensatore
hai capito di me
che sono nata dall'erba
e che ti muoio ai piedi
perché voglio che tu mi spieghi
di che consistenza è la vita
e quando il nostro pensiero
viene baciato da Dio.

Nadie jamás ha visto un pensamiento,
nadie ha tocado la fuga
de un zorro que muere.
Tú que eres pensador
entendiste de mí
que nací de la hierba
y que muero a tus pies
pues quiero que me expliques
de qué está hecha la vida
y cuándo nuestro pensamiento
es besado por Dios.

Il tuo calvario: quello che salivi di giorno e di notte pensando intensamente che il calice del tuo dolore ti si allontanasse dal labbro.

Ma non potevi, David: hai bevuto il tuo dolore fino all'ultima goccia e hai lasciato che ti mangiassero il cuore.

Anch'io, donna da nulla, salivo al tuo eremo e ti chiedevo di dirmi la verità, ma tu come tutti i grandi non la conoscevi.

Conoscevi la volontà di Dio e ti piegavi come un giunco al suo sospiro.

La volontà di Dio era per te il suo vento.

E la tua veste si alzava senza ragioni mentre tu morivi. I tuoi capelli si sparpagliavano.

Immobile nel letto tu eri entrato in una tempesta di gloria e di dolore.

Tu calvario: aquel que subías de día y de noche deseando intensamente que el cáliz de tu dolor se apartara de tus labios.

Pero no podías, David: bebiste hasta la última gota de tu dolor y dejaste que devoraran tu corazón.

También yo, mujer como tantas, ascendía a tu retiro y te pedía que me dijeras la verdad, pero tú, como todos los grandes, no la conocías.

Conocías la voluntad de Dios y como un junco te doblabas ante su suspiro.

Para ti la voluntad de Dios era su viento.

Y tu ropa se alzaba sin razón mientras morías. Tus cabellos se esparcían.

Inmóvil en el lecho entrabas en una tormenta de gloria y dolor.

Nel tuo volto scorrevano
altre correnti di sangue.
Il sangue delle piante
e il sangue degli animali.
Il sangue dei santi.
Avevi il corpo dei risorti
mentre morivi e perdevi la speranza.
Dio rendeva luminosa la tua carne:
c'era in te il cancro
ma anche una seconda moltiplicazione
delle cellule.
Come un'alba
che risale dalla notte,
tu stavi nascendo.

Por tu rostro fluían
otras corrientes de sangre.
La sangre de las plantas
y la sangre de los animales.
La sangre de los santos.
Tenías el cuerpo de los resucitados
mientras morías y perdías la esperanza.
Dios hacía luminosa tu carne:
en ti estaba el cáncer
pero también una segunda multiplicación
de las células.
Como alba
emergiendo de la noche,
estabas naciendo.

I demoni spandevano la loro fragranza
travestiti da angeli sublimi.
Ma tu che odoravi di paglia,
della nascita primigenia,
del figlio di Dio,
tu distinguevi il profumo
degli eletti e dei semplici.

Los demonios esparcían su fragancia
disfrazados de ángeles supremos.
Pero tú que olías a paja,
de la natividad primigenia,
del hijo de Dios,
podías distinguir el aroma
de los elegidos y de los simples.

David, tu conoscevi la pietra del sepolcro.
Amavi il Cristo
perché avevi visto la sua pietra volare.
Avevi saputo dal Cristo
che le pietre sono leggere come la musica.

David, tú conocías la piedra del sepulcro.
Amabas al Cristo
porque habías visto volar su piedra.
Habías aprendido del Cristo
que las piedras son tan ligeras como la música.

Angeli,
voi siete la lacrima che non si vede.
Voi siete quel gioco di sospiri
che l'uomo non dice,
un germe senza parole.
Entrate nelle nostre dimore
come carezze velate
e avete sempre alle spalle la tenebra.
Divini seduttori,
voi acquietate la fronte
e vi imprimete il sigillo della povertà.
Quanto è dolce l'anima
che si misura con il vostro perdono,
come diventa bambina la voce di chi soffre.
Come entrate nell'alveo dei sogni
e ne togliete il pargolo prediletto.
Quel divino fanciullo
che avete portato sulla terra
e messo nel cuore di ognuno di noi,
sicché noi ogni giorno godiamo
di questa natività.
Sicché noi tutti uomini
ogni giorno partoriamo un figlio.
Il nostro cuore è il suo nido prediletto,
e lui come una rondine nata ferita
si mette al fianco del nostro pensiero.

Ángeles,
vosotros sois la lágrima que no se ve.
Vosotros sois el juego de suspiros
que el hombre calla,
un germen sin palabras.
Entráis en nuestras moradas
como caricias ocultas
y detrás de vosotros siempre la tiniebla.
Divinos seductores,
vosotros serenáis la frente
para imprimir el sello de la pobreza.
Cuán dulce el alma
que se mide con vuestro perdón,
cómo se hace niña la voz de quien sufre.
Cómo entráis en el álveo de los sueños
para rescatar al niño predilecto.
Aquel joven divino
que habéis traído a la tierra
y lo habéis dejado en cada corazón,
para que todos los días nosotros
podamos gozar de esta natividad.
Para que todos los días nosotros
podamos dar a luz un hijo.
Nuestro corazón es su nido predilecto,
y él, cual golondrina que nace herida,
se pone a un lado de nuestro pensamiento.

Dio, esponendo la sua nudità fisica e morale, ha dato senso alla parola dell'umile che è nuda come la croce.

Il legno della croce significa la semplicità dell'aloe, della mirra, di tutto ciò che profuma l'universo, e niente profuma l'universo come l'amore.

L'amore è l'aria che noi respiriamo, l'amore è nudo e santo come la croce.

Mi hanno spiegato che per fare un violino occorre un legno speciale, ma anche per fare la carta. E quindi la croce è anche il simbolo della scrittura, del segno che lascia il sangue del poeta sulla terra; e sono sempre tracce di martirio e di solitudine.

Dios, al exponer su desnudez física y moral, dotó de sentido a la palabra del humilde, desnuda como la cruz.

El madero de la cruz significa la simpleza del aloe, de la mirra, de todo lo que perfuma al universo y nada perfuma al universo mejor que el amor.

El amor es el aire que respiramos, el amor es desnudo y es santo como la cruz.

Me han dicho que para hacer un violín se requiere de una madera especial, al igual que para hacer el papel. Por ello, la cruz es también símbolo de la escritura, de la marca de sangre que deja el poeta sobre la tierra; y siempre son huellas de martirio y soledad.

Padre,
somigli a un'edera lontana
con la tua dolce allegria
nel carezzare il volto del Signore
per ammansire la sua lenta rabbia
per l'iniquità dell'uomo.
Dio è l'enorme mangiafuoco del mondo,
pieno di tenerezza per coloro
che ammettono il peccato
e l'inganno degli uomini.
Tu eri il burattino prediletto,
debole uomo che è riuscito
a diventare Santo.

(a Giovanni Paolo II)

Padre,
pareces una hiedra lejana
con tu dulce alegría
cuando acaricia el rostro del Señor
para sosegar su lenta rabia
por las iniquidades del hombre.
Dios es el enorme tragafuegos del mundo,
lleno de ternura por aquéllos
que admiten el pecado
y el engaño de los hombres.
Tú eras el títere predilecto,
el débil hombre que logró
convertirse en Santo.

(a Juan Pablo II)

Io, padre, non ho più volontà di guarire, perché mi domando che cosa ancora la vita mi riservi di amaro.

Sono stata troppo sola e troppo calunniata e infine troppo povera per poter giustificare il mio povero corpo con qualsiasi forma di ascesi interiore.

Ma non sono morta, e per quanto la morte mi affoghi e mi faccia sudare, io, padre, non sono mai stata così viva e presente, e pare che la follia mi conferisca una tale lucidità, un tale tormento, una tale avarizia e una tale prodigalità da fare di me un incantesimo di amore sacro e profano.

Padre, ya no tengo la voluntad para curarme, pues me pregunto qué más amarguras tiene para mí reservadas la vida.

He vivido demasiado sola y demasiado calumniada y también demasiado pobre como para justificar mi pobre cuerpo con cualquier forma de ascesis interior.

Pero no he muerto y por más que la muerte me asfixie y me haga sudar, yo, padre, jamás me he sentido tan viva y presente, y tal parece que la locura me confiere tanta lucidez, tanto tormento, tanta avaricia, tanta prodigalidad hasta hacer de mí un hechizo de amor sagrado y profano.

Addio, profondo vecchio,
fatto di vertici
che tutti hanno veduto.
Erano spine
che entravano nell'anima
e diventavano fiori.
Abbiamo perso il cuore di Dio,
il suo linguaggio:
eppure la sera,
quando io dormo sola,
allungo la mano verso di te.
E sei ancora lì che palpiti,
e non vuoi e non puoi morire.

(a Giovanni Paolo II)

Adiós, viejo profundo,
hecho de vértices
que todos han visto.
Eran espinas
que entraban en el alma
y se convertían en flores.
Hemos perdido el corazón de Dios,
su lenguaje:
y sin embargo por la noche,
cuando duermo sola,
tiendo mi mano hacia ti.
Y aún estás allí palpitante,
y no quieres y no puedes morir.

(a Juan Pablo II)

David, sia fatto silenzio
intorno al tuo grande clamore
contro gli empi.
Come gridavi il nome di Maria,
la donna che felicemente entrò
nell'antro del demonio
per carpirne i segreti
della morte.
Ma tu non muori
perché la tua radice è sepolta
persino nel mio grembo.
Ogni maternità ti fu felice,
tu vedevi il Signore come un padre.
Anche tu
che tremavi per la morte
ti sei levato come un monumento.
Eri armato di spada e giustizia,
sei caduto eroe sulla tua tomba
da cui escono ancora le preghiere.
Prega per noi, David,
siamo pieni di dolore,
ci sporchiamo la faccia con il peccato,
ma la tua faccia è limpida e solenne:
è la lacrima assorta del buon Dio.
Ricevi ognuno di noi
sulle tue ginocchia
come un uomo crocifisso,
un palo che arde
di oscura miseria
e ridiventa bambino sulle tue braccia.

David, hágase el silencio
en torno a tu gran clamor
contra los impíos.
Cómo gritabas el nombre de María,
la mujer que felizmente entró
en la cueva del demonio
para arrebatarle los secretos
de la muerte.
Pero tú no mueres
porque tu raíz está enterrada
hasta en mi vientre.
Cada maternidad te sonrió,
veías al Señor como a un padre.
También tú
que temblabas ante la muerte
te alzaste como un monumento.
Estabas armado de espada y justicia,
caíste como héroe en tu tumba
de donde surgen todavía plegarias.
Ruega por nosotros, David,
estamos llenos de dolor,
nos manchamos la cara con el pecado,
pero tu cara es límpida y solemne:
es la lágrima absorta del buen Dios.
Recibe a cada uno de nosotros
en tus rodillas
como un hombre crucificado,
un palo que arde
de oscura miseria
y de nuevo se vuelve niño en tus brazos.

Quanti morti ti sei stretto al seno,
quante virtù di gaudio.
E volavi ogni giorno non visto
verso l'Altissimo
a presentare un bimbo;
che aborti mostruosi
hanno fatto gli uomini.
Questi figli cadevano per terra
vittime di un'odiosa lussuria.
Ma tu volevi
il concepimento di un albatros,
e andasti a prendere il cibo
proprio sulla bocca di Dio.

Cuántos muertos acogiste en tu seno,
cuántas virtudes de gozo.
Y volabas cada día sin ser visto
hacia el Altísimo
para presentar a un niño;
qué abortos monstruosos
han creado los hombres.
Estos hijos caían al suelo
víctimas de una odiosa lujuria.
Pero tú querías
la concepción de un albatros,
y fuiste a tomar el alimento
justo en la boca de Dios.

Voce di David

La morte, Alda
è un impero di angeli
che precipita sul cuore.
Il fuoco ha invaso le mie mani.
Non sapevo che il corpo
potesse avere arterie
di fuoco e di beatitudine.
E da qui ti guardo,
da ogni luogo in cui tu respiri.
Anche se non credi,
io ti porterò con me
sulla cima dell'universo
dove tu potrai vedere
le tempeste della tua vita.
E scoprirai quel giorno
che Dio fa una cosa sola:
disperde il nostro profumo
nell'infinito
per dare vita al Suo respiro.

Voz de David

La muerte, Alda,
es un imperio de ángeles
que se precipita en el corazón.
El fuego ha invadido mis manos.
No sabía que el cuerpo
pudiese tener arterias
de fuego y de beatitud.
Y desde aquí te miro,
desde cada lugar en donde tú respiras.
Aunque tú no creas,
te llevaré conmigo
hasta la cima del universo
donde podrás ver
las tormentas de tu vida.
Y ese día descubrirás
que Dios sólo hace una cosa:
esparce nuestro aroma
en el infinito
para dar vida a Su respiro.

Índice

«El poeta calla para no mentir»,
a propósito de *Padre mío*, de Alda Merini   7

20   PADRE MIO
21   PADRE MÍO
Voce di David   22
Voz de David   23
[Davide nacque povero...]   26
[David nació pobre...]   27
[Non sei ancora vita...]   28
[Aún no eres vida...]   29
[Dal niente della tua povertà...]   30
[Desde la nada de tu pobreza...]   31
[Io venni alla Corsia dei Servi...]   32
[Llegué a Corsia dei Servi...]   33
[L'ombra delle tue mani...]   34
[La sombra de tus manos...]   35
[O luce che cammina non vista...]   36
[Oh, luz que avanzas desapercibida...]   37
[Le tue mani hanno accarezzato Milano...]   38
[Tus manos acariciaron Milán...]   39
[Parlavi di abissi...]   42
[Hablabas de abismos...]   43
[In ogni anima c'è un albero segreto...]   44
[En toda alma hay un árbol secreto...]   45

[*La passione è un inverno...*]   46
[La pasión es un invierno...]   47
[*Partorii un figlio una notte...*]   48
[Una noche di a luz a un hijo...]   49
[*Mi parlano spesso dell'amore...*]   50
[A menudo me hablan del amor...]   51
[*Senza essere viste, le maschere girano nell'aria...*]   52
[Invisibles, giran en el aire las máscaras...]   53
[*Se ti potessi parlare, padre...*]   54
[Si pudiera hablarte, padre...]   55
[*Ricordo quando ti presentai mia figlia...*]   56
[Recuerdo cuando te presenté a mi hija...]   57
[*Che cos'è il Nulla, mi dicevi...*]   58
[¿Qué es la Nada, me decías...]   59
[*In certi momenti della vita...*]   60
[En ciertos momentos de la vida...]   61
[*Mi dicevi...*]   62
[Me decías...]   63
[*Tu sapevi del Nulla di Dio...*]   64
[Tú sabías sobre la Nada de Dios...]   65
Voce di David   66
Voz de David   67
[*Le tue mani...*]   70
[Tus manos...]   71
[*La sovrana della Sindone è la peccatrice...*]   72
[La dueña de la Síndone es la pecadora...]   73
[*Quali fiamme generava Dio nel tuo viso, David?...*]   74
[¿Cuáles llamas encendía Dios en tu rostro, David?...]   75
[*Il poeta, candidissimo uccello...*]   76
[El poeta, ave inmaculada...]   77
[*Parlando di Te, Signore...*]   78
[Al hablar de Ti, Señor...]   79

[O David...] 80
[Oh, David...] 81
[O Eterno Movimento...] 82
[Oh, Eterno Movimiento...] 83
[I tuoi capelli, come a Sansone, cadevano a terra...] 84
[Como Sansón perdiste el cabello...] 85
[La solitudine è un tremendo ibis...] 86
[La soledad es un ibis implacable...] 87
[Se io ti voglio bene è perché viaggio sola...] 88
[Si te quiero es porque viajo sola...] 89
[Mi chiedono spesso perché non viaggio...] 90
[A menudo me preguntan por qué no viajo...] 91
[O Dio, pieno di grazia...] 92
[Oh Dios, lleno de gracia...] 93
[Ciò che a noi sembra incomprensibile...] 94
[Lo que para nosotros resulta incomprensible...] 95
[Chiuso fra le pareti del mondo...] 96
[Encerrado entre las paredes del mundo...] 97
[Mi sveglio e raccolgo le mie ombre...] 98
[Me despierto y recojo mis sombras...] 99
[Me lo avevi detto...] 100
[Me lo habías dicho...] 101
[Fin dal primo cammino...] 102
[Desde el primer camino...] 103
[Padre...] 104
[Padre...] 105
[Maria...] 106
[María...] 107
[Nessuno ha mai visto un pensiero...] 108
[Nadie jamás ha visto un pensamiento...] 109
[Il tuo calvario...] 110
[Tu calvario...] 111

[*Nel tuo volto scorrevano...*]   112
[Por tu rostro fluían...]   113
[*I demoni spandevano la loro fragranza...*]   114
[Los demonios esparcían su fragancia...]   115
[*David, tu conoscevi la pietra del sepolcro...*]   116
[David, tú conocías la piedra del sepulcro...]   117
[*Angeli...*]   118
[Ángeles...]   119
[*Dio, esponendo la sua nudità fisica e morale...*]   120
[Dios, al exponer su desnudez física y moral...]   121
[*Padre...*]   122
[Padre...]   123
[*Io, padre, non ho più volontà di guarire...*]   124
[Padre, ya no tengo la voluntad para curarme...]   125
[*Addio, profondo vecchio...*]   126
[Adiós, viejo profundo...]   127
[*David, sia fatto silenzio...*]   128
[David, hágase el silencio...]   129
Voce di David   132
Voz de David   133

www.ingramcontent.com/pod-product-compliance
Lightning Source LLC
Chambersburg PA
CBHW060032180426
43196CB00045B/2627